this book belongs to:

A a

angel

angel

a a a a a a a a

A A A A A A

a a a a

a a a a

A A A A

A A A A

A A A A

B b

bells

bells

b b b b b b b b b

B B B B B B B

b b b b

b b b b

B B B B

B B B B

B B B B

C c

candy cane

candy cane

c c c c c c c

C C C C C C

c c ⠉ c

c c ⠉ c

C C ⠉ ⠉

C C ⠉ ⠉

C C ⠉ ⠉

Dd

drummer boy

drummer boy

d d d d d d d d

D D D D D D D

d d d d

d d d d

D D D D

D D D D

D D D D

E e

elf

elf

e e e e e e e e

E E E E E E E

e e e e

e e e e

E E E E

E E E E

E E E E

F f

frosty snowman

frosty snowman

f f f f f f f

F F F F F F

f f f f

f f f f

F F F F

F F F F

F F F F

G g

gingerbread man

gingerbread man

g g g g g g g g

G G G G G G G

g g g g

g g g g

G G G G

G G G G

G G G G

Hh

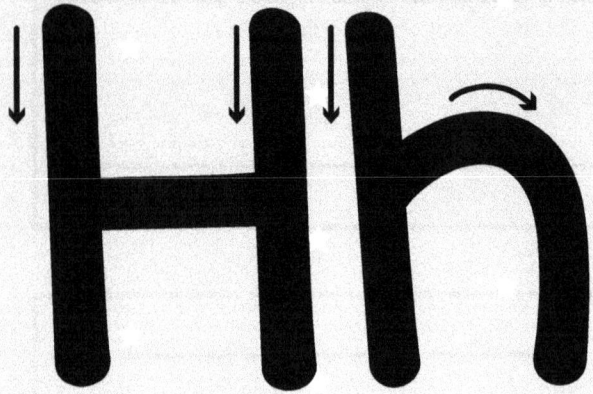

hot chocolate

hot chocolate

h h h h h h h h

H H H H H H H H

h h h h

h h h h

H H H H

H H H H

H H H H

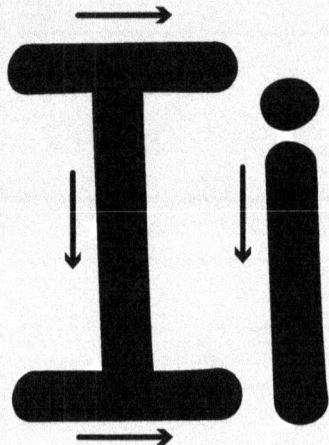

ice skates

ice skates

i i i ⋮ ⋮ ⋮ ⋮ ⋮

I I I ⁞ ⁞ ⁞

i i i i

i i i i

I I I I

I I I I

I I I I

J j

jingle bells

jingle bells

j j j j j j j j

J J J J J J

j j j j

j j j j

J J J J

J J J J

J J J J

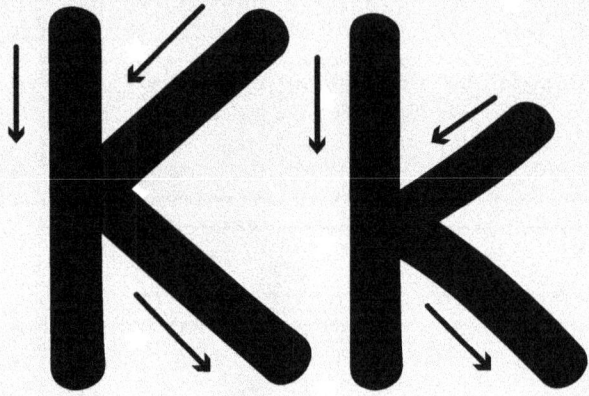

kris kringle

kris kringle

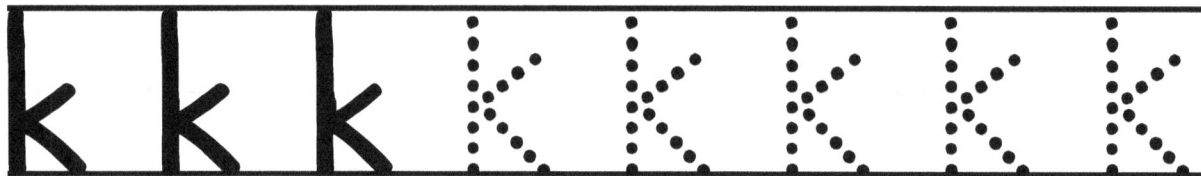

k k k k

k k k k

K K K K

K K K K

K K K K

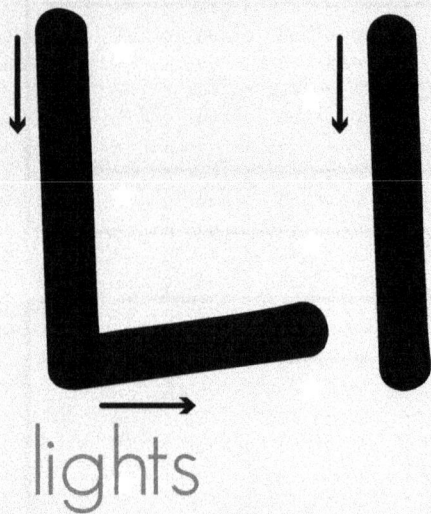

lights

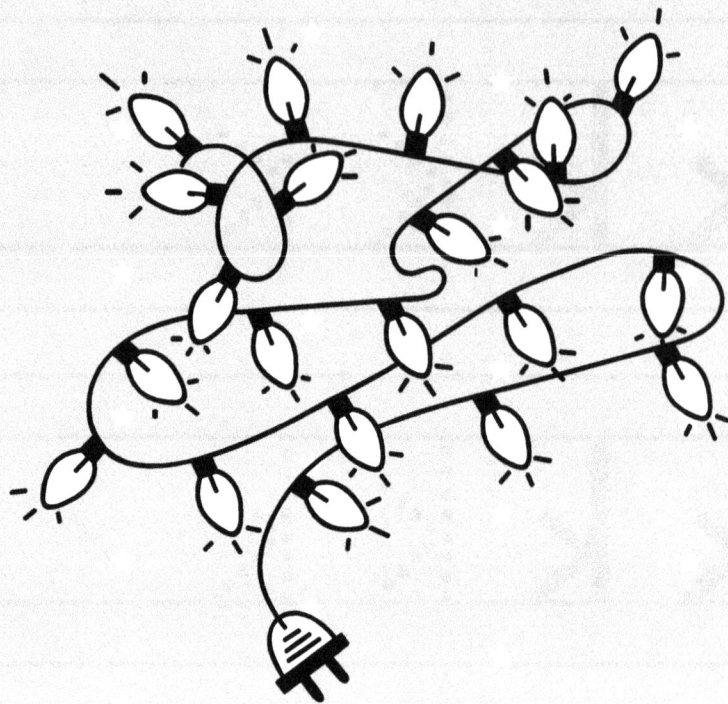

lights

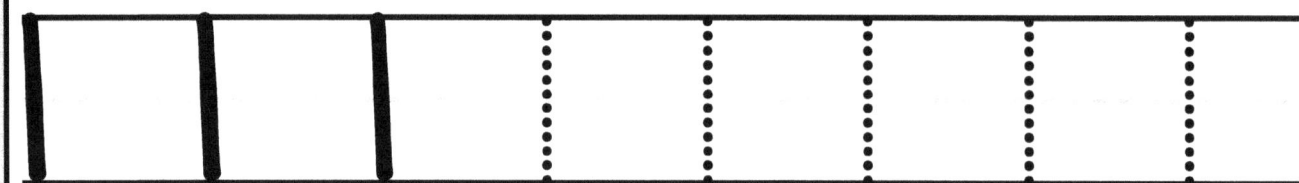

Mm

mistletoe

mistletoe

m m m m m m m m

M M M M M M M

m m m m

m m m m

M M M M

M M M M

M M M M

Nn

nutcracker

nutcracker

n n n n n n n n n

N N N N N N N

n n n n

n n n n

N N N N

N N N N

N N N N

ornaments

ornaments

O O O O

O O O O

O O O O

O O O O

O O O O

P p

presents

presents

p p p p p p p p

P P P P P P P P

p p p p

p p p p

p p P P P

p p P P P

p p P P P

Q q

quilt

quilt

q q q q q q q q

Q Q Q Q Q Q

q q q q

q q q q

Q Q Q Q

Q Q Q Q

Q Q Q Q

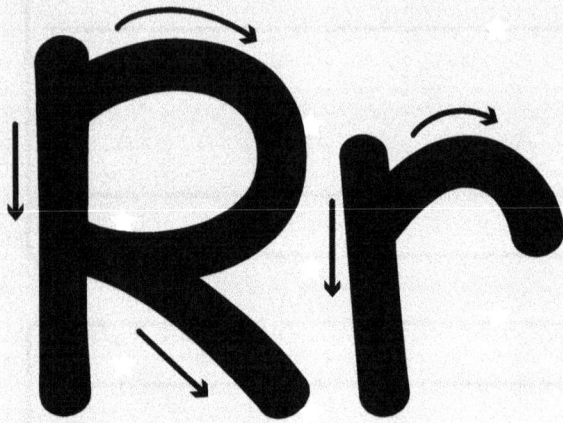

rudolph

rudolph

r r r r r r r r

R R R R R R R

r r r r

r r r r

R R R R

R R R R

R R R R

S s

santa

santa

s s s s s s s s

S S S S S S

s s s s

s s s s

S S S S

S S S S

S S S S

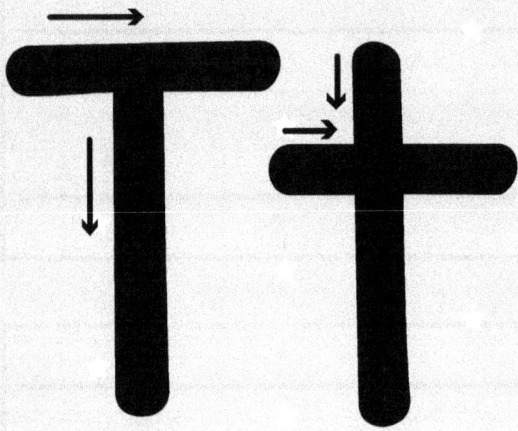

toys

toys

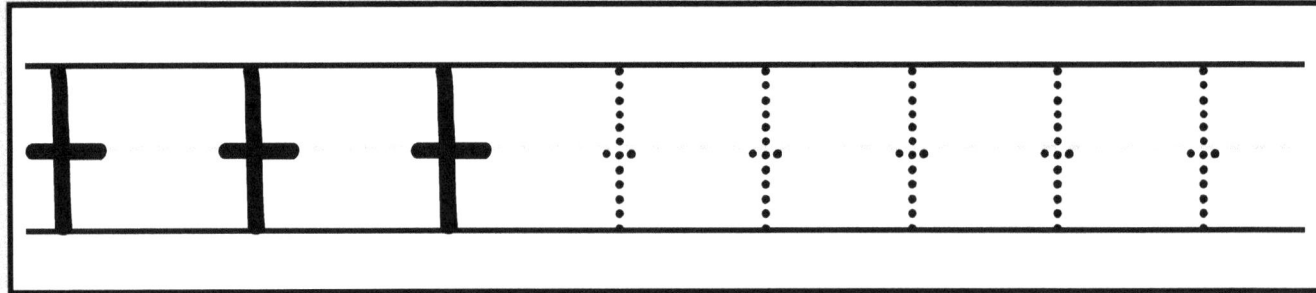

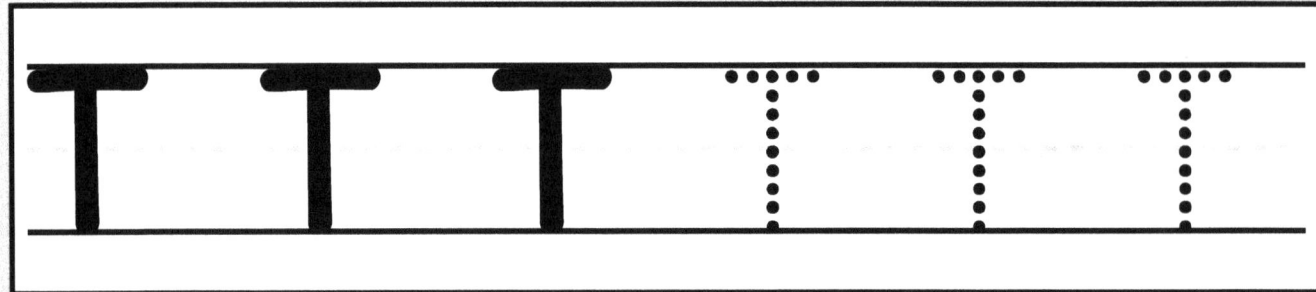

Uu

unwrapping

__unwrapping__

u u u ụ ụ ụ ụ ụ

U U U U U U U

u u ᵘ ᵘ

u u ᵘ ᵘ

U U U U U

U U U U U

U U U U U

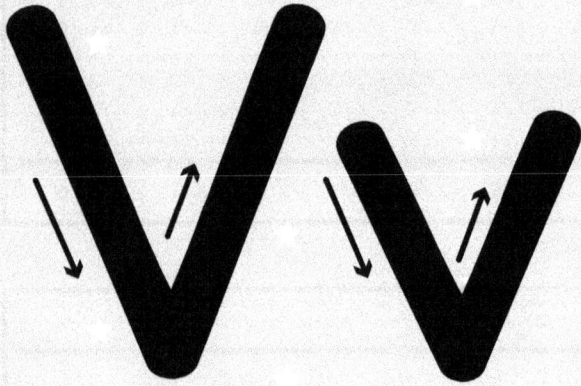

vacation

vacation

v v v v v v v v

V V V V V V V V

V V v v

V V v v

V V v v

V V v v

V V v v

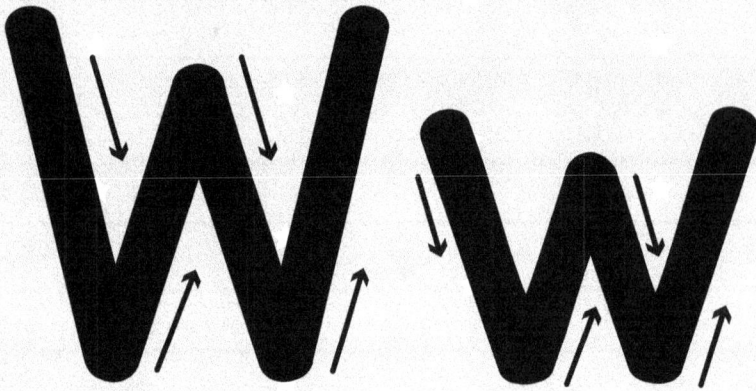

wreath

wreath

w w w w w w w w

W W W W W W W W

w w w w

w w w w

W W W W

W W W W

W W W W

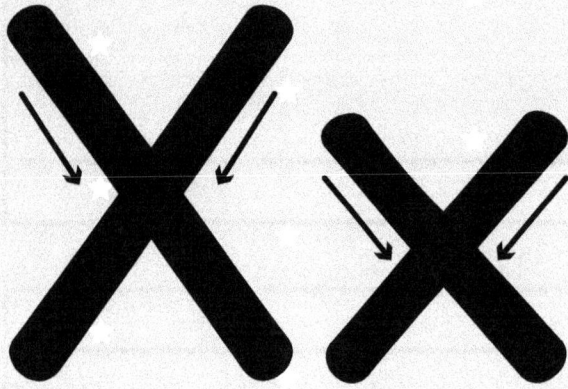

xylophone

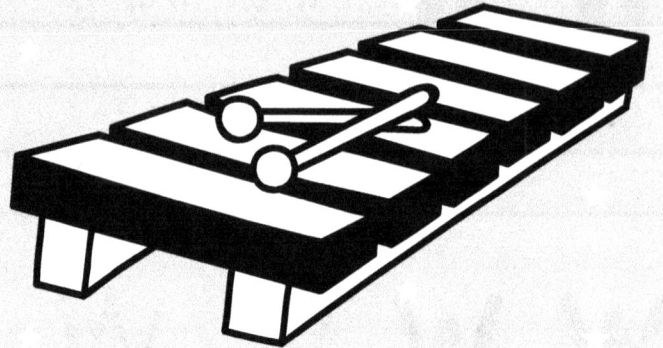

xylophone

X X X X X X X X

X X X X X X

X X x x

X X x x

X X X X

X X X X

X X X X

yule log

yule log

y y y y y y y y y y

Y Y Y Y Y Y Y

y y y y

y y y y

Y Y Y Y

Y Y Y Y

Y Y Y Y

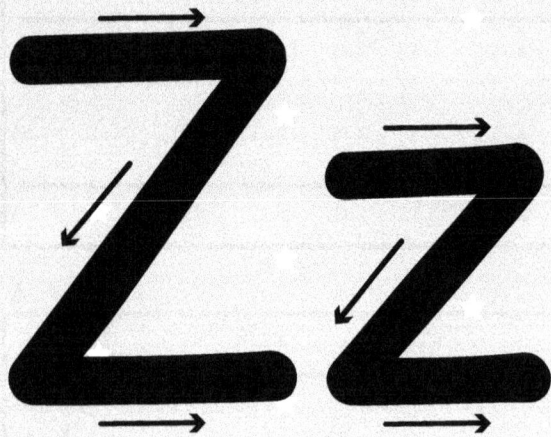

Zz

zzzzz

ZZZZZ

Z Z Z Z Z Z Z Z

Z Z Z Z Z Z

z z z z

z z z z

Z Z Z Z

Z Z Z Z

Z Z Z Z

Practice Your
Sight Words

Aa is for...

at at at

and and and

are are are

Bb is for...

be be be

blue blue blue

but but but

Cc is for...

can can can

come come come

could could could

Dd is for...

do do do

did did did

dog dog dog

Ee is for...

eight eight eight

even even even

eat eat eat

Ff is for...

for for for

five five five

from from from

Gg is for...

green green green

good good good

go go go

Hh is for...

he he he

her her her

had had had

Ii is for...

in in in

is is is

it it it

Jj is for...

jump jump jump

jog jog jog

just just just

Kk is for...

kiss kiss kiss

king king king

know know know

Ll is for...

look look look

like like like

let let let

Mm is for...

me me me me

my my my

man man man

Nn is for...

nine nine nine

new new new

no no no

Oo is for...

one one one

orange orange

on on on

Pp is for...

play play play

put put put

pretty pretty pretty

Qq is for...

queen queen queen

quilt quilt quilt

quack quack quack

Rr is for...

red red red

run run run

read read read

Ss is for...

six six six

seven seven seven

see see see

Tt is for...

two *two two*

ten *ten ten*

the *the the*

Uu is for...

up up up

under under under

us us us

Vv is for...

very *very very*

van *van van*

vase *vase vase*

Ww is for...

we we we

white white white

want want want

Xx is for...

x-ray x-ray x-ray

fix fix fix

box box box

Yy is for...

yellow yellow yellow

you you you

yes yes yes

Zz is for...

zip zip zip

zero zero zero

zoo zoo zoo

Practice!

Practice!

YOUR REVIEW

What if I told you that just one minute out of your life could bring joy and jubilation to everyone working at a kids art supplies company? What am I yapping about?
I'm talking about leaving this book a review.

I promise you, we take them VERY seriously.
Don't believe me?

Each time right after someone just like you leaves this book a review, a little siren goes off right here in our office.
And when it does we all pump our fists with pure happiness.

A disco ball pops out of the ceiling, flashing lights come on... it's party time!

Roger, our marketing guy always and I mean always, starts flossing like a crazy person and keeps it up for awhile.
He's pretty good at it. (It's a silly dance he does, not cleaning his teeth)

Sarah, our office manager runs outside and gives everyone up and down the street high fives. She's always out of breath when she comes back but it's worth it!

Our editors work up in the loft and when they hear the review siren, they all jump into the swirly slide and ride down into a giant pit of marshmallows where they roll around and make marshmallow angels. (It's a little weird, but tons of fun)

So reviews are a pretty big deal for us.
It means a lot and helps others just like you who also might enjoy this book, find it too.

You're the best!
From all of us goofballs at Big Dreams Art Supplies